¡SOCORRO, MI HIJ@ ES LGTBIQ+!

Joan Pont

Para Cristian

¡SOCORRO, MI HIJ@ ES LGTBIQ+!
© Joan Pont Galmés [2024]
Todos los derechos reservados.

Querida lectora, querido lector, soy el autor de este libro y mi hijo es gay.

Además de su nacimiento, el hecho de que mi hijo sea gay es de las mejores cosas que me han pasado en la vida.

La gente me dice que mi hijo ha tenido suerte por tener la madre y el padre que tiene, pero yo no creo en absoluto que sea así.

Este libro no debería ser escrito pero, por desgracia, aún es necesario. Es una guía para las madres y padres que tienen dudas o que sienten rechazo ante algo que no entienden. Vamos a aclarar las ideas y a prepararnos para apoyar a nuestras hijas e hijos por los que tanto nos hemos sacrificado. Vamos a intentar comprender sus expectativas, sus ilusiones y sus problemas para estar siempre ahí, junto a ellas y ellos, cuando nos necesiten.

PARA ESO SOMOS SUS MADRES Y PADRES.

1- ACLARANDO CONCEPTOS.

La homosexualidad es la atracción erótica, romántica y sexual que una persona experimenta de manera sostenida por individuos de su mismo sexo. Es decir, los hombres homosexuales son aquellos que se sienten atraídos por otros hombres y las mujeres homosexuales son aquellas que se sienten atraídas por otras mujeres.

La homosexualidad es una orientación sexual, una forma de atracción o interés sexoafectivo, que por lo tanto tiene que ver con el objeto de deseo. Las personas homosexuales (o bisexuales, si se interesan tanto en su mismo sexo como en el contrario) pueden tener diferentes tipos de identidad de género, sin que eso tenga que ver con su preferencia a la hora de establecer vínculos eróticos y románticos.

Algo fundamental que tienes que tener claro desde ahora mismo, madre o padre, es que tu hija o hijo **HA NACIDO HOMOSEXUAL**. La identidad sexual se lleva en los cromosomas, así que **TU BEBÉ YA ERA HOMOSEXUAL CUANDO NACIÓ**.

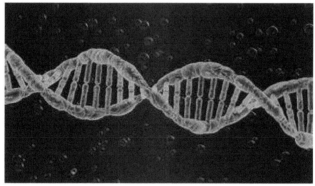

A mucha gente le cuesta entender esto y cae en las típicas barbaridades de: "Ya cambiará", "Que se lo piense mejor" o "Con el tiempo estas cosas se olvidan".

Si estas personas lograran hacer un esfuerzo mental y entendieran que ellas mismas eran heterosexuales desde su nacimiento y que esto no es algo que se adquiera al hacerse adultos, sino que está escrito en los genes y no hay forma humana de cambiarlo, ahorraría mucho sufrimiento a sus hijas e hijos.

Imaginemos el padecimiento de las niñas y niños homosexuales que sienten atracción por el mismo sexo, algo que es imposible evitar, pero su entorno familiar les presiona para que cambien, porque lo que llevan escrito en los genes es algo sucio, prohibido y antinatural. ¿Te lo imaginas?

Esto ocurrió durante muchos años, miles, casi siempre por culpa de las religiones que usaban el pecado contra Dios como una forma de poder y de dominio sobre el pueblo.

Antiguamente, la sexualidad se concebía única y exclusivamente para la procreación, y disfrutar de ella era visto como algo repugnante por el cristianismo. Se usaba el temor al pecado como un arma para tener el control y el poder sobre la población, una estrategia perversa utilizada universalmente por todas las religiones. El alma se consideraba una entidad separada del cuerpo, y a este último se le veía como un castigo mediante el cual necesariamente tenemos que procrear y nada más. Y qué decir de la visión de la homosexualidad, que se negaba, perseguía y castigaba con la muerte.

Pasando por el Renacimiento y la Ilustración, los escritores de la edad llamada "Edad de la Razón" empezaron a sacar ideas feministas, afirmando que la sexualidad no puede convivir con el antifeminismo y la intolerancia a la libertad de las personas, pero es en la industrialización cuando empieza una nueva y revolucionaria visión. Se empezó a ver el sexo y el placer en él no como algo oscuro y malo de la naturaleza humana, sino como una expresión normal y necesaria de las personas.

Además, gracias a la introducción de la mujer en el voto, la educación, y, en definitiva, al comienzo de la escucha de su palabra, mejoraron muchas de sus condiciones y empezaron a surgir otros movimientos, como el colectivo LGTBIQ+, que también empezaron a reclamar sus derechos y a conseguir grandes avances. La gente despertó y abrieron sus mentes, antiguamente repletas de intolerancia por culpa de la religión, para empezar a respetar los derechos de todas las personas sea cual sea su sexo, género u orientación sexual.

PERSONAS LGTBI+ MÁS INFLUYENTES EN EL PLANETA EN ESTOS MOMENTOS

Elliot Page, actor y activista transgénero, ha tenido una trayectoria notable tanto en Hollywood como en su vida personal. Nacido el 21 de febrero de 1987 en Halifax, Canadá, Page creció mostrando interés por la actuación desde una edad temprana, apareciendo en producciones locales y programas de televisión canadiense antes de hacer su debut en Hollywood. Su carrera despegó internacionalmente cuando interpretó a Juno MacGuff en la película Juno (2007), un papel que le valió una nominación al Oscar y estableció su talento y autenticidad como actor.

Trayectoria profesional

La interpretación de Page en Juno fue solo el inicio de una serie de éxitos en el cine. A partir de ahí, participó en películas como Inception (2010) y X-Men: Days of Future Past (2014), construyendo una carrera basada en personajes complejos y emocionales. La capacidad de Page para transmitir profundidad y vulnerabilidad en pantalla lo convirtió en uno de los actores jóvenes más prometedores de su generación.

Salida del armario y transición

Page ha sido abierto sobre su identidad desde hace varios años. Primero, se declaró gay en 2014 durante una conferencia de Time to Thrive, un evento de la organización Human Rights Campaign. En diciembre de 2020, Page dio un paso más y anunció públicamente que es transgénero, identificándose con el nombre de Elliot y usando pronombres masculinos y neutros. La revelación fue ampliamente apoyada por colegas de Hollywood y por sus seguidores, convirtiéndose en uno de los actores trans más visibles en la industria del entretenimiento.

Activismo y visibilidad

Desde su salida del armario, Elliot Page ha usado su plataforma para abogar por los derechos de las personas transgénero. En entrevistas y a través de sus redes sociales, Page ha sido franco sobre los desafíos que enfrentan las personas trans, especialmente en un clima político y social que a menudo es hostil hacia la comunidad. En sus memorias, Pageboy, lanzadas en 2023, Page narra sus experiencias de vida y explora la complejidad de la identidad de género y las dificultades que enfrentó al crecer y en su carrera antes y después de hacer pública su transición.

Un icono de cambio

La vida de Elliot Page representa tanto una lucha personal como una contribución significativa al movimiento LGBTQ+. Su valentía para vivir su verdad en un escenario mundial ha inspirado a muchos, y su influencia ha ayudado a visibilizar los problemas que afectan a la comunidad trans en todo el mundo. Su transición y su historia reflejan el poder de la autenticidad y el impacto de la representación positiva en los medios de comunicación, demostrando que vivir abiertamente puede ser tanto liberador como inspirador para otros.

La historia de Page es, sin duda, un recordatorio del valor de abrazar la identidad propia, y su voz en el activismo continúa abriendo caminos para que las personas trans y no binarias encuentren aceptación y apoyo en la sociedad.

2- ¿QUÉ SIGNIFICA LGTBIQ+?

El término comenzó a usarse en los años 90, cuando se empezó a hablar abiertamente de ello. En un principio, se hablaba solo de LGB (lesbianas, gays y bisexuales). Aún no se planteaban otros términos como transgénero, transexual, intersexual o queer, que es lo que significa el resto de siglas.

En el siglo XXI ya comenzamos a hablar de LGTB, las siglas más utilizadas hasta los últimos años, cuando se ha comenzado a hablar más sobre ello poniendo nombre a lo que antes no se nombraba.

L de lesbiana

Una mujer es lesbiana cuando se siente atraída por otra mujer a nivel sexual-afectivo. Existen mujeres lesbianas que son personas no binarias del espectro femenino.

G de gay

Del inglés, esta palabra ha sido adoptada en casi cualquier idioma para identificar a hombres homosexuales, es decir, aquellos que se sienten atraídos por otros hombres. Dentro de ellos pueden existir personas no binarias del espectro masculino.

El término "género no binario" se refiere a una identidad de género que no se encuadra dentro del tradicional sistema binario de género, el cual clasifica a las personas exclusivamente como hombres o mujeres.

En lugar de adherirse a estas categorías rígidas, las personas no binarias experimentan su género de maneras que pueden ser diversas y fluidas.

¿Qué significa tener una identidad de género no binaria? Para muchas personas no binarias, su identidad de género no se alinea con las expectativas sociales tradicionales de lo que significa ser hombre o mujer. Algunas pueden sentirse en una posición intermedia entre estos géneros, mientras que otras pueden experimentar una identidad de género que cambia con el tiempo o incluso puede no identificarse con ningún género en absoluto.

B de bisexual

Alguien es bisexual cuando le atraen por igual hombres y mujeres, tanto a nivel sexual como emocional.

T de transgénero o transexual

Las personas transgénero son aquellas que nacen con genitales y características físicas de un género, pero se sienten del contrario. Se trata de género y no de sexo. En el caso de las personas transexuales, sí podríamos decir que ha habido una operación para llevar a término la adecuación de su cuerpo con su identidad de género.

Hay quien piensa que la T se refiere a personas travestidas. Una persona travestida no necesariamente es homosexual, por ejemplo. Muchas personas se visten del género opuesto al suyo por diferentes cuestiones.

I de intersexual

En este punto ya hay mucha gente que comienza a perderse en cuanto a terminología. ¿Sabías que el 1,7% de todos los bebés que nacen son intersexuales? Igual te parece poco,

pero según dicen las estadísticas, hay tantas personas de esta condición como pelirrojas. Curioso, ¿no? Las personas intersexuales nacen con genitales de ambos sexos al mismo tiempo. Algunas de estas personas pueden tener una combinación de cromosomas que hace imposible asignar uno u otro sexo.

Q de queer

Así se llamaba, de forma despectiva, a las personas homosexuales en la Inglaterra del siglo XIX. Sin embargo, a finales del siglo XX comenzó a reivindicarse la palabra, que en su origen significa "raro". Dentro de este colectivo están todas aquellas personas que no se identifican con ninguna etiqueta y que quieren vivir su identidad sexual de forma libre y sin discriminación.

+, un símbolo donde se agrupan otras opciones

Y después de estas siglas en los últimos años se ha ido añadiendo el símbolo "+" para incluir a otras minorías que no se encuadran en ninguna de los anteriores grupos. En este "+" podemos incluir a personas **pansexuales y omnisexuales** (quienes se pueden sentir atraídos por otras personas independientemente del género que esas tengan, o incluso si no se identifican con ninguno), **demisexuales** (quienes para sentir atracción sexual necesitan conocer profundamente a la otra persona) o **asexuales** (bajo o nulo interés por el sexo). Cada vez más personas se definen dentro de estas últimas, por lo que hay quien ya introduce la A en las siglas, dando lugar a LGTBIQA+.

PERSONAS LGTBI+ MÁS INFLUYENTES EN EL PLANETA EN ESTOS MOMENTOS

Rossana Flamer-Caldera

Rossana Flamer-Caldera es una activista pionera en la defensa de los derechos LGBTQ+ en Sri Lanka, donde la homosexualidad sigue siendo criminalizada bajo leyes coloniales arcaicas. Como directora ejecutiva de la organización Equal Ground , Flamer-Caldera ha trabajado incansablemente durante más de dos décadas para crear un espacio seguro y justo para las personas LGBTQ+ en su país y en el sur de Asia. Su compromiso ha trascendido las fronteras de Sri Lanka, convirtiéndola en una voz reconocida a nivel internacional en la lucha por los derechos humanos y la igualdad.

Inicios y Motivación

Flamer-Caldera nació en Colombo, Sri Lanka, en una sociedad profundamente conservadora y religiosa, donde las personas LGBTQ+ enfrentan no solo discriminación social, sino también represalias legales. Este contexto restrictivo motivó a Flamer-Caldera a iniciar su trabajo en favor de la comunidad. En 2004, fundó Equal Ground , la primera y única organización en Sri Lanka dedicada a los derechos LGBTQ+. La creación de esta organización no solo fue un acto de valentía personal, sino una respuesta urgente a la falta de recursos y apoyo para la comunidad en su país.

Logros y Activismo

A lo largo de los años, Equal Ground ha liderado diversas campañas para promover la despenalización de la homosexualidad en Sri Lanka. Flamer-Caldera y su equipo han presionado al gobierno y han colaborado con organismos internacionales, como Naciones Unidas, para que se reconozcan los derechos de las personas LGBTQ+. En 2022, uno de los logros significativos de la organización fue lograr que la ONU declarara que la prohibición de las relaciones entre personas del mismo sexo en Sri Lanka es una violación a los derechos humanos, lo que representa un avance simbólico y legal hacia la igualdad.

Además de su activismo en Sri Lanka, Flamer-Caldera ha participado en foros internacionales, como conferencias de la ILGA (Asociación Internacional de Lesbianas, Gays, Bisexuales, Trans e Intersexuales), donde ha elevado la voz de las personas LGBTQ+ de Asia en un contexto global. A través de su trabajo, ha demostrado la necesidad de una red de apoyo internacional para luchar contra la discriminación y la violencia que enfrenta esta comunidad en el sur de Asia.

Desafíos y Esperanza

El trabajo de Rossana Flamer-Caldera no ha estado exento de desafíos. En una sociedad donde la religión y la cultura juegan un papel importante en la vida cotidiana, Flamer-Caldera ha enfrentado hostilidad y amenazas de personas y grupos que se oponen a sus esfuerzos. Sin embargo, su valentía y compromiso han prevalecido, y su perseverancia ha sido fundamental para desafiar las normas sociales y avanzar hacia una Sri Lanka más inclusiva.

A lo largo de su vida, Flamer-Caldera ha sido una inspiración para muchas personas dentro y fuera de Sri Lanka. Su legado, construido sobre una base de resistencia y valentía, sigue siendo una fuente de esperanza para aquellos que buscan igualdad y respeto en una región donde el progreso puede ser lento, pero donde cada paso cuenta.

3- LOS PRIMEROS INDICIOS.

Cuando mi hijo nos dijo que le gustaban los chicos yo ya lo sabía.

La sexualidad de nuestras hijas e hijos, sea del género que sea, nos preocupa, así que las madres y padres estamos atentos a su desarrollo para poder informarles, prepararles y prevenirles en estas nuevas etapas que, siempre, llegan demasiado rápido para nosotros.

Estamos atentos a las señales. Las chicas empiezan a hablar de chicos y a querer salir con sus amigas, sus cuerpos se desarrollan de la noche al día, algo que nos aterra a las madres y a los padres; los chicos miran con disimulo a las chicas y forman pandillas en las que exhibir su masculinidad mientras, por las mañanas, se aprietan los granos de su cara antes de irse corriendo al instituto.

Normalmente estamos tan absortos en la vida cotidiana que puede que no nos demos cuenta de que nuestra hija de trece años no está desarrollando sus formas femeninas tan rápido como las demás, o que nuestro hijo de catorce no tiene amigos masculinos, sino únicamente amigas, con las que celebra fiestas de pijamas sin ningún problema, porque no existe tensión sexual.

En algunas ocasiones, las madres y padres notan que sus hijas e hijos se diferencian del grueso de otros niños y adolescentes, pero no quieren verlo, así que lo ignoran, una actitud que puede durar muchos años e incluso toda una vida y que lo único que hace es producir dolor y sufrimiento.

No siempre la orientación sexual va a acompañada de evidencias físicas, tanto en la heterosexualidad como en la homosexualidad. Hay chicas y chicos heterosexuales que muestran atracción física hacia el otro sexo más tarde que otros, chicas lesbianas que no tienen la voz grave ni llevan un peinado masculino y chicos gays que no tienen la voz aguda ni la mayoría de sus amistades son femeninas.

Por suerte, existe una variedad humana tan inmensa que todos somos únicos en el mundo.

Pero las madres y padres observamos atentamente a nuestras hijas e hijos y, si no vivimos en una cultura que nos impone el rechazo hacia la homosexualidad de una manera tan visceral que nos obliga a mirar hacia otro lado, ya sabemos la orientación sexual de nuestros hijos mucho antes de que ellos nos lo digan.

Personalmente, yo llevé a mi hijo a una manifestación del día del Orgullo antes de que él nos comunicara a los trece años que le gustaban los chicos.

Por mi parte, yo quería aprender más sobre este fascinante universo que no conocía, y deseaba que él se diera cuenta de que hay mucha más gente con su misma orientación e inquietudes, y que no estaba solo ni nunca iba a estarlo.

Hay niñas y niños que necesitan contar a sus madres o padres que les gustan las personas de su mismo sexo y otras que no lo hacen nunca y hay otros que solo se lo cuentan a uno de los progenitores porque temen que el otro, la madre o el padre, se enfade con ellos.

LA ACEPTACIÓN POSITIVA DE LA HOMOSEXUALIDAD DE NUESTRAS HIJAS E HIJOS ES FUNDAMENTAL PARA SU VIDA PRESENTE Y FUTURA.

La emoción que sintió mi hijo cuando me dijo "Papá, me gustan los chicos" y yo le respondí: "Ya lo sabía", es algo que no olvidaré jamás.

En el momento en que una chica o un chico que nota que es diferente de los demás siente que su familia le apoya y le acepta tal como es se abre un abanico increíble de oportunidades para el futuro.

ERES MI HIJO Y TE APOYARÉ SIEMPRE EN TODO LO QUE HAGAS MIENTRAS NO CAUSES NINGÚN DAÑO A LOS DEMÁS.

PERSONAS LGTBI+ MÁS INFLUYENTES EN EL PLANETA EN ESTOS MOMENTOS

Jonathan Anderson

Jonathan Anderson es uno de los diseñadores de moda más influyentes y respetados de su generación, conocido por su enfoque vanguardista y disruptivo. Nacido en Irlanda del Norte en 1984, Anderson ha dejado una marca indeleble en la industria desde la fundación de su propia marca, JW Anderson, en 2008, y con su papel como director creativo de LOEWE desde 2013. Su estilo distintivo combina conceptos de género fluido, formas abstractas y una visión artística que ha redefinido los límites de la moda contemporánea.

Los Inicios de JW Anderson

Jonathan Anderson comenzó su carrera en el diseño de moda después de estudiar en el London College of Fashion. En un principio, JW Anderson se centraba exclusivamente en moda masculina, pero en 2010 Anderson lanzó su primera colección de ropa femenina, lo que le valió atención y aclamación internacional. Su capacidad para combinar elementos de la moda masculina y femenina en una misma colección desafió las normas tradicionales y consolidó su reputación como un diseñador innovador y sin miedo a experimentar.

Innovación en LOEWE

La trayectoria de Anderson dio un gran salto cuando fue nombrado director creativo de LOEWE, una casa de moda española con una rica historia en la artesanía del cuero. Desde su llegada, Anderson ha revitalizado la marca, infundiéndole un espíritu moderno y artístico sin perder la esencia artesanal de LOEWE. Ha introducido una nueva línea visual que mezcla la historia y la modernidad, consolidando a LOEWE como una marca de lujo en la moda global.

La Influencia de Anderson en la Moda de Género Fluido

Uno de los aspectos más innovadores del trabajo de Jonathan Anderson es su enfoque en la moda de género neutro. Ha desafiado las categorías de género convencionales a través de sus colecciones, creando piezas que pueden ser usadas indistintamente por hombres y mujeres. Anderson ve la moda como una forma de expresión que no debe limitarse por el género, y su trabajo en JW Anderson ha sido pionero en esta dirección, ayudando a que la moda fluida sea aceptada en la industria de lujo.

Una Visión para el Futuro

Jonathan Anderson continúa evolucionando y explorando nuevas formas de expresión en la moda, combinando influencias culturales, históricas y artísticas. Su impacto en la industria es innegable, y su enfoque en la moda sin género, junto con su pasión por el arte y la artesanía, ha cambiado la forma en que entendemos el lujo y la moda de alta gama. Como uno de los diseñadores más visionarios de la actualidad, Anderson sigue siendo un referente para la innovación y la creatividad.

4- EL MUNDO QUE VAN A ENCONTRAR NUESTROS HIJ@S.

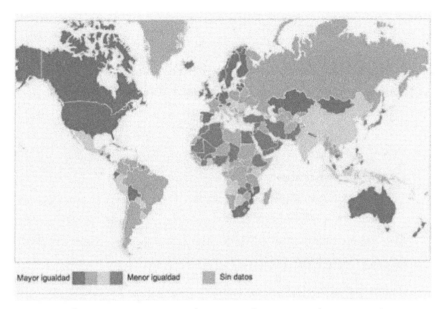

Tanto si ya sabemos que nuestros hijos son homosexuales como si nos pilla por sorpresa, tenemos que apoyarles y estar junto a ellos, eso es fundamental, porque la situación mundial del colectivo LGTBIQ+ es compleja y varía significativamente de un país a otro, influenciada por factores culturales, sociales, políticos y económicos. Aquí hay un resumen de algunos aspectos clave:

Avances Positivos

1. Derechos Legales: En muchos países, ha habido avances significativos en el reconocimiento de los derechos LGTBIQ+. Por ejemplo, varios países han legalizado el matrimonio entre personas del mismo sexo y han adoptado leyes contra la discriminación.

2. Visibilidad y Representación: Hay una creciente visibilidad del colectivo LGTBIQ+ en los medios de comunicación, la política y la cultura, lo que ha contribuido a una mayor aceptación social en muchas partes del mundo.

3. Organizaciones y Activismo: Existen numerosas organizaciones que abogan por los derechos LGTBIQ+ y brindan apoyo a las personas dentro de la comunidad, así como a sus familias.

Desafíos Persistentes

1. Discriminación y Violencia: A pesar de los avances, muchas personas LGTBIQ+ aún enfrentan discriminación, acoso y violencia. Esto es especialmente grave en algunas regiones, como en partes de África y Asia, donde las leyes y actitudes sociales son hostiles.

2. Derechos Reproductivos y de Salud: Las personas LGTBIQ+ a menudo enfrentan barreras para acceder a servicios de salud, incluida la atención adecuada para la salud sexual y reproductiva.

3. Crisis de Refugiados: Muchas personas LGTBIQ+ se ven obligadas a huir de sus países debido a la persecución y la violencia. Sin embargo, a menudo enfrentan desafíos adicionales en los países de acogida.

Situación Regional

América del Norte y Europa: En general, estos continentes han visto un progreso significativo en términos de derechos LGTBIQ+, aunque aún persisten problemas de discriminación y violencia.

América Latina: Se han logrado avances en muchos países, pero también hay resistencia y violencia, especialmente contra las personas trans.

África y Medio Oriente: Muchos países tienen leyes que criminalizan la homosexualidad, y las personas LGTBIQ+ enfrentan altos niveles de violencia y discriminación.

Asia: La situación varía enormemente; algunos países tienen leyes avanzadas, mientras que en otros, las personas LGTBIQ+ enfrentan persecución y estigmatización.

En definitiva, la situación del colectivo LGTBIQ+ a nivel mundial es dinámica y sigue evolucionando. Aunque ha habido progresos significativos en algunos lugares, persisten desafíos considerables en muchos otros. La lucha por la igualdad y la aceptación continúa, y se requiere un esfuerzo conjunto para abordar las injusticias y mejorar las condiciones de vida para todas las personas LGTBIQ+.

Nosotros, como madres y padres, tenemos que dedicar todos nuestros esfuerzos para ayudar a la normalización del colectivo.

¿CÓMO PUEDO AYUDAR A CREAR UN MUNDO MEJOR PARA MI HIJO LGTBIQ+?

Principalmente hablando de ello y difundiendo la información a las personas que te rodean.

A mucha gente todavía le resulta desagradable hablar de homosexualidad. Lo aceptan, pero no se refieren nunca a ello, y si lo hacen usan terminos despectivos como "maricón", "tortillera" o "travelo" para referirse a las personas transexuales.

En mi caso particular, cuando hablo con gente sobre la temática LGTBIQ+ siempre digo abiertamente que mi hijo es gay, y me siento muy bien al hacerlo.

POR DESGRACIA, ES NECESARIO SER VALIENTES PARA DECIRLE AL MUNDO ENTERO QUE TU HIJA O TU HIJO SON HOMOSEXUALES.

HAZLO, SIÉNTETE ORGULLOSA DE TUS HIJOS Y NO DEJES QUE LA SOCIEDAD LOS OCULTE.

La visibilidad contribuirá, a la larga, a la normalización. El ocultamiento contribuye a que la sociedad caiga en los tópicos, normalmente negativos, sobre las personas LGTBIQ+.

¿CÓMO PUEDO AYUDAR A DAR VISIBILIDAD AL COLECTIVO?

1- EL TRABAJO INDIVIDUAL.

La divulgación individual es algo muy valioso. Empieza por los familiares cercanos. Abuelas, abuelos, tíos y tías, primas y primos. Aunque es mejor consultar antes a tu hija o a tu hijo, ya que puede ser que no le resulte cómodo. En estos casos a veces no hay que hablar directamente sobre ello, no hace falta anunciar de manera formal que nuestra hija o nuestro hijo son homosexuales, pero sí que podemos lanzar indirectas de forma absolutamente normalizada. Un ejemplo de ello es si alguna abuela o abuelo les hace la típica pregunta de: "¿Ya tienes novia, o ya tienes novio?. En estos casos, si es una chica y la pregunta es: ¿Ya tienes novio?, nosotros podemos responder: "Novio o novia", con un gesto de complicidad a nuestra hija, y viceversa si es un chico. De esta forma iremos introduciendo el tema sin que nadie se sienta cohibido.

Fuera del entorno familiar se puede ser mucho más directo. Cuando sale el tema de conversación en mi trabajo, por ejemplo, yo siempre digo muy orgulloso: "Mi hijo es gay". En mi caso, todo el mundo en mi trabajo ya lo sabe, y estoy orgulloso de haber logrado que se hable del tema con absoluta normalidad. Cuando tenemos clientes gays yo siempre les digo a mis compañeros: "Me encanta que vengan gays, porque así me imagino cómo será mi hijo de mayor". De esta forma también se evita que las personas de tu alrededor usen un lenguaje despectivo con el colectivo.

Un ejemplo: Un compañero siempre que habla de los hombres gays dice "los gays son muy promiscuos". En este momento yo respondo: "Los gays son exactamente igual de promiscuos que los hetero. ¿O es que a tí no te gustaría ir con todas las mujeres que pudieras?

En el caso de las lesbianas, el comentario despectivo suele ser: "Una hace de mujer y otra de hombre". Si es una mujer la que lo ha dicho tú puedes contestarle: "Si tú le pides a tu marido hacer el amor, entonces ¿tú eres el hombre de la pareja?"

Estos pequeños gestos son muy importantes y poco a poco ayudan a que la sociedad hable de las personas homosexuales igual que lo hace de las personas heterosexuales.

NUNCA TE AVERGÜENCES PORQUE TU HIJA O TU HIJO ES HOMOSEXUAL.
DÍSELO A TODO EL MUNDO:

ESTOY ORGULLOSA DE MI HIJA LESBIANA.

ESTOY ORGULLOSO DE MI HIJO GAY.

ESTOY ORGULLOSA DE MI HIJO TRANS.

PERSONAS LGTBI+ MÁS INFLUYENTES EN EL PLANETA EN ESTOS MOMENTOS

Whitney y Megan Bacon-Evans

Whitney y Megan Bacon-Evans, también conocidas como Wegan en redes sociales, son una pareja británica y una de las voces más influyentes en el activismo LGBTQ+ y la igualdad en el acceso a los servicios de salud reproductiva. Desde su plataforma, han usado su visibilidad para visibilizar las injusticias que enfrentan las parejas del mismo sexo en su país y, a través de un caso histórico, han logrado cambiar la política del Servicio Nacional de Salud (NHS) del Reino Unido, que discriminaba a las parejas del mismo sexo en los tratamientos de fertilidad.

Los Inicios de su Activismo y su Vida como Influencers

Whitney y Megan son influencers de la comunidad LGBTQ+ y han compartido su vida como pareja desde el principio de su relación. Su relación, documentada en sus redes sociales bajo el nombre de Wegan , ha inspirado a miles de seguidores a través de publicaciones que reflejan su vida diaria, su amor y sus luchas personales. Con miles de seguidores en sus redes, han establecido un espacio seguro y positivo que celebra el amor entre personas del mismo sexo y ofrece representación para la comunidad LGBTQ+.

La Lucha por la Igualdad en el Acceso a la Fertilidad

Su activismo alcanzó un punto clave en 2021, cuando la pareja inició una demanda contra el NHS debido a la política discriminatoria que establecía que las parejas del mismo sexo debían someterse a múltiples rondas de inseminación artificial a un costo elevado antes de poder optar por el tratamiento de fertilidad in vitro (IVF). Esta política, a la que denominaron "impuesto gay", implicaba una carga financiera desproporcionada para las parejas homosexuales, ya que una pareja heterosexual puede calificar para el tratamiento de IVF tras dos años de intentar concebir naturalmente.

Whitney y Megan argumentaron que esta política era injusta, ya que obligaba a las parejas del mismo sexo a incurrir en gastos significativos que no eran exigidos a las parejas heterosexuales. Su caso atrajo una amplia cobertura mediática y generó apoyo entre los defensores de los derechos LGBTQ+. En julio de 2023, su esfuerzo culminó en un cambio en la política del NHS Frimley Integrated Care Board, que accedió a reevaluar las condiciones de acceso al IVF para parejas del mismo sexo, eliminando los requisitos de inseminación previos.

Un Cambio Histórico y su Impacto

La victoria legal de Whitney y Megan marcó un precedente en el sistema de salud británico, abriendo la puerta a que más parejas del mismo sexo puedan acceder a tratamientos de fertilidad en igualdad de condiciones. Su logro fue celebrado como un avance significativo para la igualdad en el acceso a la salud reproductiva y destacó las disparidades que aún existen en el sistema, generando conciencia sobre las barreras que enfrenta la comunidad LGBTQ+ en términos de derechos familiares y reproductivos.

5- LA ADOLESCENCIA.

La adolescencia es una etapa de la vida marcada por cambios profundos y transformadores, tanto a nivel físico como emocional y social. Vamos a explorar cada uno de estos aspectos:

Cambios físicos:

Pubertad: Es el proceso biológico más evidente, caracterizado por cambios hormonales que desencadenan el desarrollo de los caracteres sexuales secundarios (crecimiento de vello, cambios en la voz, desarrollo de los órganos reproductores, etc.).

Crecimiento acelerado: Los adolescentes experimentan un estirón de crecimiento rápido, que puede ser desigual en diferentes partes del cuerpo, lo que a veces puede generar incomodidad.

Cambios en la composición corporal: Se produce un aumento de la masa muscular y ósea, y una redistribución de la grasa corporal.

Maduración sexual: Los adolescentes adquieren la capacidad de reproducción.

Cambios emocionales:

Búsqueda de identidad: Los adolescentes se preguntan quiénes son, cuáles son sus valores y cuál es su lugar en el mundo.

Mayor independencia: Buscan separarse de sus padres y establecer sus propias reglas.

Cambios de humor: Pueden experimentar cambios de humor frecuentes e intensos, debido a las hormonas y a los cambios emocionales.

Mayor sensibilidad: Se vuelven más conscientes de sí mismos y de los demás, lo que puede llevar a mayor sensibilidad y vulnerabilidad.

Mayor interés por las relaciones sociales: Los amigos adquieren una gran importancia y se buscan modelos a seguir.

Cambios sociales:

Mayor tiempo con los amigos: Los adolescentes pasan más tiempo con sus amigos y menos con su familia.

Preocupación por la imagen corporal: La apariencia física se vuelve muy importante y pueden surgir inseguridades.

Presión de grupo: Los adolescentes se ven influenciados por sus compañeros y pueden adoptar comportamientos que no son propios de ellos.

Interés por temas adultos: Se interesan por temas como el sexo, las drogas y la política.

Búsqueda de nuevas experiencias: Desean explorar el mundo y vivir nuevas aventuras.

Para nuestras hijas e hijos descubrir una orientación sexual diferente a la heterosexual durante la adolescencia puede ser una experiencia compleja y cargada de emociones encontradas. Es un proceso único para cada individuo, influenciado por factores sociales, culturales y personales.

Vamos a ver algunos aspectos comunes de esta experiencia:

Confusión y dudas: Es normal sentirse confundido al principio. Los adolescentes pueden cuestionarse si sus sentimientos son normales, si son una fase o si son permanentes.

Miedo y ansiedad: El miedo al rechazo, a la discriminación y a no ser aceptado por la familia, amigos o sociedad en general puede generar ansiedad y estrés.

Aislamiento: Algunos adolescentes pueden sentirse aislados o solos al creer que son los únicos que experimentan estas sensaciones. Esto puede llevar a la búsqueda de espacios seguros donde puedan expresarse sin temor a ser juzgados.

Autoaceptación: Un proceso gradual y a veces doloroso. Aprender a aceptar la propia orientación sexual es fundamental para construir una autoestima sana y una identidad positiva.

Búsqueda de información: Los adolescentes suelen buscar información sobre su orientación sexual para comprender mejor lo que están experimentando y conectar con otras personas que comparten su experiencia.

Relaciones sociales: Las relaciones con amigos y familiares pueden verse afectadas. Algunos adolescentes encuentran apoyo en sus seres queridos, mientras que otros pueden enfrentar dificultades y conflictos.

Presión social: La sociedad a menudo impone normas y expectativas sobre la sexualidad, lo que puede generar presión y dificultar la expresión de la propia identidad.

Para ayudarles en esta complicada etapa de su vida, es importantísimo el entorno familiar, el apoyo y la aceptación de la familia son fundamentales para el bienestar emocional del adolescente.

Contar con amigos que los acepten y comprendan puede ser un gran apoyo. Nosotras y nosotros podemos fomentar que nuestras hijas e hijos tengan amistades con sus mismos intereses. Como ya vimos, normalmente los adolescentes LGTBI+ suelen tener amistades del otro sexo. Los chicos gays con chicas y las chicas lesbianas con chicos. Tenemos que fomentar esto creando situaciones y espacios donde se sientan cómodos. Por ejemplo, que amigas adolescentes de nuestro hijo vengan a dormir a casa y viceversa no tiene que parecernos extraño y causarnos alarma, porque entre los chicos gays y a las chicas hetero no existe tensión sexual y ambos se sienten muy cómodos durmiendo juntos en una fiesta de pijamas. En el caso de las chicas lesbianas es lo mismo, aunque ellas suelen descubrir la sexualidad antes que ellos y es posible que prefieran pasar el tiempo con grupos de chicas con sus mismos intereses.

Es importante recordar que cada experiencia es única. No hay una forma correcta de vivir la adolescencia y descubrir la propia orientación sexual y tampoco hay un estándar en el caso de las madres y padres de hijas e hijos LGTBI+

La aceptación es clave para nuestras hijas e hijos. Aceptar la propia identidad es fundamental para el bienestar emocional a largo plazo y nosotros tenemos que ayudarles en ese proceso.

Tienen que saber que no están solas ni solos: existen muchas personas que les apoyan y comprenden.

PERSONAS LGTBI+ MÁS INFLUYENTES EN EL PLANETA EN ESTOS MOMENTOS

Graham Norton

Graham Norton es uno de los presentadores de televisión más conocidos y respetados del Reino Unido. Su carisma, humor agudo y enfoque único para las entrevistas lo han convertido en un favorito tanto en Reino Unido como a nivel internacional. Nacido como Graham William Walker el 4 de abril de 1963 en Clondalkin, Irlanda, Norton ha trabajado en el entretenimiento durante más de tres décadas, destacándose como presentador, comediante, y actor, y creando un legado que trasciende las fronteras de la televisión tradicional.

Comienzos en la Comedia y su Ascenso en Televisión

Graham Norton comenzó su carrera en el mundo de la comedia después de mudarse a Londres en los años 90. Inició presentándose en clubs de comedia y desarrolló un estilo cómico atrevido y sin filtros que rápidamente captó la atención del público. Su gran oportunidad llegó cuando fue contratado por Channel 4 en 1998, presentando el programa So Graham Norton . El programa fue un éxito y consolidó su estilo, caracterizado por su habilidad para bromear con sus invitados y abordar temas personales de manera humorística y amena. Su estilo relajado y su habilidad para desinhibir a sus entrevistados crearon un tipo de entrevista que se destacaba por la autenticidad y el humor.

El Graham Norton Show: Un Fenómeno Internacional

¡SOCORRO, MI HIJ@ ES LGTBIQ+!

El mayor éxito de Norton llegó con The Graham Norton Show, lanzado en 2007 por la BBC. Este programa de entrevistas, donde los invitados se sientan juntos en un solo sofá, ha sido innovador en su formato, permitiendo una interacción entre las celebridades que pocas veces se ve en otros programas. Las entrevistas en The Graham Norton Show son conocidas por ser espontáneas, hilarantes y a menudo reveladoras, y el programa ha contado con invitados de gran renombre como Tom Hanks, Adele y Lady Gaga, quienes suelen revelar aspectos íntimos o divertidos de sus vidas.

Activismo LGBTQ+ y Representación

Como hombre abiertamente gay en una época en la que la visibilidad LGBTQ+ en los medios era limitada, Norton ha sido un símbolo de representación y orgullo en el entretenimiento. A lo largo de los años, Norton ha usado su plataforma para abogar por los derechos de la comunidad LGBTQ+ y para normalizar la diversidad sexual en el entretenimiento, contribuyendo a que la televisión británica sea más inclusiva. Su visibilidad y franqueza han servido de inspiración para muchas personas y han ayudado a abrir puertas a futuras generaciones de actores y presentadores LGBTQ+.

Además de su papel como activista, Norton ha sido defensor de causas sociales, colaborando con organizaciones de caridad y ofreciendo apoyo a iniciativas de derechos humanos y de igualdad de derechos en el Reino Unido. A pesar de que Norton rara vez habla sobre su vida personal en los medios, sus experiencias como hombre gay en el mundo del entretenimiento le han dado una perspectiva única que ha compartido en sus memorias, donde reflexiona sobre la identidad, la soledad y la aceptación.

Graham Norton no solo es un talentoso presentador de televisión, sino también un símbolo de autenticidad y un defensor de la inclusión. Su carrera continúa siendo un modelo de innovación en los medios, y su influencia en la representación LGBTQ+ y la diversidad en la televisión asegura que su legado perdure en la industria del entretenimiento.

6- ¿DEBO BUSCAR AYUDA?

Aceptar y entender la orientación o identidad sexual de un hijo o hija puede ser un proceso complejo para algunas familias, y es completamente natural que surjan dudas, preocupaciones o incluso miedos. Sin embargo, en esos momentos, el apoyo psicológico puede ser una herramienta muy útil, tanto para el bienestar del adolescente como para el de toda la familia. La idea de acudir a terapia no significa que algo esté "mal"; al contrario, es una muestra de interés en el bienestar de todos y en la creación de un ambiente de amor y comprensión.

¿Cómo saber si es el momento adecuado para buscar ayuda profesional?

- **Si hay conflictos o tensiones en casa** : A veces, la incomodidad o falta de entendimiento pueden crear tensiones entre los miembros de la familia. Esto puede ser por desconocimiento o por dificultades en la comunicación, especialmente cuando hay una brecha generacional. En estos casos, el apoyo de un profesional puede facilitar un diálogo sincero y respetuoso, ayudando a que cada miembro de la familia exprese sus emociones y puntos de vista de una manera constructiva.

- **Si el adolescente muestra señales de ansiedad, tristeza o aislamiento** : Si notas que tu hijo o hija se encuentra retraído, desmotivado, o muestra señales de tristeza o ansiedad, puede ser una señal de que está lidiando con sentimientos complicados o se siente solo en su experiencia. La terapia puede ofrecerle un espacio seguro donde expresar sus pensamientos sin miedo al juicio, y aprender estrategias para manejar la ansiedad o las inseguridades.

- **Si la familia necesita herramientas para comprender mejor la diversidad sexual y de género** : No todos los padres o familiares tienen una comprensión completa sobre temas de orientación o identidad de género, y eso es natural. La terapia puede proporcionar información clara y actualizada que permita entender mejor estas realidades. Un profesional capacitado puede ayudar a resolver dudas y disipar creencias erróneas que a veces causan estrés o resistencia.

- **Cuando los padres necesitan apoyo para adaptarse al proceso**: La orientación sexual o identidad de género de un hijo o hija puede desafiar creencias o expectativas previas, y esto puede llevar tiempo para asimilar. La terapia brinda un espacio donde los padres pueden trabajar sus emociones y aprender a ser una fuente de apoyo sólida y sin reservas. Incluso si se sienten incómodos al principio, los padres suelen encontrar en la terapia un espacio para aclarar sus propios sentimientos y fortalecer su relación con su hijo o hija.

Para el adolescente, contar con apoyo psicológico no solo le permite gestionar mejor sus emociones, sino que también le da herramientas para desarrollar una autoestima sana y para aprender a lidiar con situaciones de rechazo o discriminación que, lamentablemente, aún pueden ocurrir en el entorno social o escolar. Los jóvenes que cuentan con este tipo de apoyo suelen sentirse más seguros de sí mismos y tienen menos miedo de expresar quiénes son.

Por otro lado, los padres pueden beneficiarse de la orientación terapéutica aprendiendo a comunicarse de forma efectiva y a proporcionar un entorno de contención emocional. En estos espacios, los padres pueden trabajar en habilidades de escucha activa y en cómo demostrar aceptación sin condiciones, que es fundamental para el bienestar emocional de cualquier hijo o hija.

Es importante recordar que buscar apoyo psicológico no es un signo de debilidad o fracaso, sino una decisión de amor y compromiso con el bienestar de la familia. Acudir a terapia significa abrirse al aprendizaje y a la comprensión mutua, y es una herramienta que puede hacer que el proceso de aceptación y adaptación sea mucho más fluido y saludable para todos.

En definitiva, un profesional en psicología actúa como un guía en este proceso, ayudando a todos los miembros de la familia a encontrar su equilibrio y a construir una relación basada en el respeto y la empatía.

Cuando los padres y los adolescentes trabajan juntos, apoyados por un experto, el camino hacia la aceptación se convierte en una oportunidad de crecimiento que fortalece los lazos familiares y proporciona a los jóvenes una base sólida sobre la cual construir su identidad.

PERSONAS LGTBI+ MÁS INFLUYENTES EN EL PLANETA EN ESTOS MOMENTOS
Ophelia Dahl

Ophelia Dahl es una reconocida activista y filántropa británico-estadounidense que ha dedicado su vida a mejorar el acceso a la salud en comunidades vulnerables de todo el mundo. Cofundadora de Partners In Health (PIH), una organización de salud global enfocada en llevar servicios médicos a comunidades en situación de pobreza, Dahl ha liderado una iniciativa que busca transformar los sistemas de salud y promover la justicia social en algunos de los lugares más empobrecidos del planeta. Su trabajo ha impactado millones de vidas y la ha convertido en una figura fundamental en la lucha por el derecho a la salud.

Inicios e Influencia Familiar

Ophelia Dahl nació en Oxford, Inglaterra, en 1964, hija del famoso autor Roald Dahl y la actriz Patricia Neal. Desde joven, fue influenciada por las historias de su padre, que a menudo tocaban temas de justicia y compasión, y por la fortaleza de su madre, quien superó grandes desafíos de salud a lo largo de su vida. Esta combinación de factores la inspiró a involucrarse en causas humanitarias desde temprana edad.

El Encuentro en Haití y el Comienzo de Partners In Health

En 1983, a la edad de 18 años, Ophelia Dahl viajó a Haití como voluntaria, donde conoció al Dr. Paul Farmer, un joven médico que compartía su visión de la justicia social y la salud universal. Este encuentro fue fundamental para su vida y su carrera, y juntos fundaron Partners In Health en 1987. PIH comenzó con una clínica en Cange, Haití, pero rápidamente se expandió a otras regiones de extrema pobreza.

La filosofía de PIH es simple pero poderosa: "la salud es un derecho humano". Dahl y Farmer creían que todas las personas, independientemente de su lugar de origen o situación económica, merecen acceso a atención médica de calidad. Bajo su liderazgo, PIH ha implementado programas de atención médica en países como Haití, Perú, Ruanda y Sierra Leona, enfrentando desafíos como el VIH, la tuberculosis, el ébola y, más recientemente, la COVID-19.

Reconocimientos y Legado

A lo largo de los años, Ophelia Dahl ha recibido numerosos reconocimientos por su labor humanitaria, incluyendo premios de organizaciones de salud global y derechos humanos. En 2011, fue nombrada por TIME como una de las 100 personas más influyentes del mundo, destacando su compromiso con la justicia social y su visión de un sistema de salud inclusivo y accesible.

Además de su trabajo en PIH, Dahl ha sido una defensora activa de la equidad en la salud y ha formado parte de la Junta Directiva de instituciones dedicadas a la justicia social y los derechos humanos. Su liderazgo y su compromiso inquebrantable han inspirado a generaciones de activistas y profesionales de la salud, y su legado continúa impactando la vida de millones de personas que han accedido a mejores oportunidades de salud gracias a su labor.

7 - MI PAREJA NO ACEPTA LA ORIENTACIÓN DE NUESTRO HIJO.

Imagina que estás construyendo una casa de arena junto al mar. Con tu pareja, habéis moldeado cada castillo, cada foso, con mucho cariño y esfuerzo. De repente, una ola gigante llega y cambia un poco la forma de tu castillo. Puede que te sorprenda, incluso te enojes un poco. Pero en lugar de derrumbar todo, puedes decidir reconstruir tu castillo, dándole una nueva forma, más fuerte y más resistente.

Así es como se sienten muchas familias cuando uno de sus hijos les cuenta que siente algo diferente por alguien de su mismo sexo. Puede que al principio te sientas confundido, asustado o incluso enojado. Es normal sentir todas esas emociones. Lo importante es que sepas que no estás solo y que juntos pueden encontrar la manera de seguir construyendo su hogar, solo que ahora por un camino diferente.

¿Por qué mi pareja se siente así?

Cada persona reacciona de manera diferente ante una noticia así. Tu pareja puede estar sintiendo miedo a lo desconocido, a lo que la gente pueda pensar, o simplemente necesita tiempo para procesar esta nueva información. También puede que tenga creencias o valores que choquen con esta nueva realidad.

SI SURGE ESTE PROBLEMA LA COMUNICACIÓN ES FUNDAMENTAL.

Encuentra el momento adecuado: Elige un lugar tranquilo y libre de distracciones para hablar.

Escucha activa: Pon toda tu atención en lo que tu pareja te está diciendo. No intentes interrumpir ni encontrar soluciones inmediatas.

Valida sus sentimientos: Reconoce lo que está sintiendo, aunque no estés de acuerdo. Por ejemplo, puedes decirle: "Entiendo que te sientas confundido, esto es algo nuevo para todos nosotros".

Usa el "yo" en lugar del "tú": Expresa tus propios sentimientos sin culpar a tu pareja. Por ejemplo, puedes decir: "Me siento un poco perdido en este momento, pero quiero que sepas que te apoyo".

Sé paciente: El cambio lleva tiempo. No esperes que tu pareja cambie de opinión de la noche a la mañana.

JUNTOS PODEMOS LOGRARLO

Pero esto no termina aquí. Hay otras muchas estrategias que puedes poner en marcha si tu pareja aún no acepta a tu hija o hijo.

Busca información: Infórmate sobre la diversidad sexual y de género. Cuanto más sepas, más seguro te sentirás al hablar con tu pareja y con tus hijos.

Habla con otras madres y padres: Únete a grupos de apoyo para padres de hijos e hijas LGTBI+. Compartir tus experiencias con otras personas que están pasando por lo mismo puede ser muy reconfortante y te dará nuevas perspectivas.

Busca ayuda profesional: Un terapeuta de pareja puede darte herramientas para mejorar tu comunicación y resolver conflictos.

Celebra los pequeños logros: Reconoce y celebra cada paso que tu pareja y tu hija o tu hijo den juntos, por pequeño que sea.

CON AMOR, PACIENCIA Y COMPRENSIÓN, PUEDEN SUPERAR CUALQUIER OBSTÁCULO.

PERSONAS LGTBI+ MÁS INFLUYENTES EN EL PLANETA EN ESTOS MOMENTOS

Colman Domingo

Colman Domingo es un actor, guionista, director y productor estadounidense conocido por su gran versatilidad y sus potentes interpretaciones en cine, televisión y teatro. Con una carrera que abarca más de tres décadas, Domingo ha aparecido en producciones tan diversas como la aclamada serie de HBO Euphoria , el drama histórico Selma y la película Zola . Además de su trabajo actoral, Domingo es un ferviente defensor de la representación y diversidad en la industria del entretenimiento, particularmente en relación con la comunidad LGBTQ+ y las personas de color.

Inicios y Trayectoria en el Teatro

Nacido el 28 de noviembre de 1969 en Filadelfia, Colman Domingo comenzó su carrera en el teatro, donde rápidamente destacó por su talento y presencia escénica. Tras graduarse de la Universidad de Temple, se mudó a San Francisco, donde desarrolló una fuerte conexión con el teatro comunitario. Uno de sus primeros papeles notables fue en la obra Passing Strange , que luego fue adaptada al cine por el director Spike Lee.

Domingo ha sido un intérprete prolífico en Broadway, donde obtuvo gran reconocimiento por su trabajo en producciones como The Scottsboro Boys y A Boy and His Soul , esta última escrita y protagonizada por él. Su habilidad para contar historias personales e impactantes en el teatro le ha otorgado varias nominaciones y premios, incluyendo una nominación a los premios Tony.

Escritor, Director y Defensor de la Diversidad

Más allá de su faceta actoral, Colman Domingo es un creador multifacético que ha escrito y dirigido varias producciones. Su serie Bottomless Brunch at Colman's , transmitida por AMC, muestra su capacidad para conectar con el público de una manera auténtica y amena, combinando conversaciones con invitados en un formato informal y divertido.

Domingo es un defensor comprometido de la diversidad y la inclusión en Hollywood. Como hombre negro y abiertamente gay, ha hablado sobre las barreras y los desafíos que enfrentan los actores y creadores LGBTQ+ y de color en la industria del entretenimiento. A través de sus roles y su trabajo como escritor y director, busca representar la experiencia de las personas de color y la comunidad LGBTQ+ con autenticidad, ofreciendo una perspectiva fresca y necesaria en Hollywood.

8- LA IMPORTANCIA DE LA RED DE APOYO EXTERNA PARA LAS FAMILIAS DE HIJOS LGTBIQ+

Cuando un hijo o hija revela que pertenece al colectivo LGTBIQ+, puede ser un momento de emociones mixtas para muchos padres. Aceptar y comprender la diversidad sexual y de género puede suponer un desafío, especialmente si no hemos tenido contacto cercano con estas experiencias. En este contexto, los grupos de apoyo juegan un papel esencial, ofreciendo un espacio seguro y cálido donde los padres pueden encontrar orientación, empatía y, sobre todo, un sentido de pertenencia.

A diferencia de las conversaciones en el círculo familiar o social, los grupos de apoyo permiten hablar sin reservas sobre miedos, inquietudes y dudas que, a veces, sentimos vergüenza de expresar abiertamente. Estos grupos suelen estar integrados por padres y madres que han pasado por experiencias similares, por lo que comparten una comprensión profunda y libre de prejuicios hacia lo que otros pueden estar sintiendo. Poder compartir pensamientos sin miedo a ser juzgados permite a los padres procesar mejor sus propias emociones, al mismo tiempo que aprenden de las vivencias y aprendizajes de otros miembros.

En estos espacios, los padres suelen escuchar historias inspiradoras que muestran los retos y logros en la vida de otros padres e hijos LGTBIQ+. Desde las dificultades de algunos al principio hasta historias de aceptación total y orgullo familiar, cada experiencia puede aportar algo significativo. Para muchos, es reconfortante saber que los miedos que tienen –como la preocupación por la discriminación o el futuro de sus hijos– son compartidos por otros padres, y esto les ayuda a relativizar y a enfrentar esos temores con una nueva perspectiva.

Además de ser un espacio emocional seguro, estos grupos también proporcionan información práctica. En ellos, los padres pueden aprender sobre recursos locales o nacionales que pueden ayudar a sus hijos, como servicios de apoyo psicológico, asesoría legal, actividades sociales inclusivas y materiales educativos sobre diversidad sexual y de género. Con frecuencia, estos grupos también están en contacto con profesionales especializados en temas LGTBIQ+ que pueden asesorar sobre cómo abordar ciertos temas con los hijos, cómo manejar conversaciones difíciles o cómo actuar en caso de que surja un conflicto familiar o social.

Un aspecto fundamental es la formación y la concienciación. En estos grupos, los padres pueden obtener una educación continua sobre temas de diversidad, lo que les permite entender mejor los términos, las necesidades y las preocupaciones que sus hijos pueden tener. A medida que aumenta su conocimiento, disminuyen los prejuicios y se fortalece el vínculo de apoyo entre padres e hijos, permitiéndoles enfrentar juntos cualquier desafío que surja.

Los grupos de apoyo no solo ayudan a los padres; los beneficios se extienden a los hijos, quienes perciben cómo su familia se compromete activamente a comprenderlos y apoyarlos. Esto genera un entorno más positivo y lleno de confianza en casa, y fomenta la comunicación abierta y honesta.

Los grupos de apoyo son herramientas valiosas para los padres que desean ofrecer un amor más pleno y fundamentado a sus hijos LGTBIQ+. Proporcionan un espacio de crecimiento, de alivio y de aprendizaje, donde cada experiencia compartida y cada consejo recibido enriquece el camino de aceptación y acompañamiento hacia una familia más unida y empática.

9- LA COMUNIDAD EDUCATIVA: UN ALIADO FUNDAMENTAL PARA LAS FAMILIAS DE HIJOS LGTBIQ+

La escuela, siendo uno de los entornos en los que los adolescentes pasan gran parte de su tiempo, juega un papel crucial en el desarrollo de su identidad y autoestima. Para los hijos e hijas LGTBIQ+, el apoyo y la inclusión en la comunidad educativa pueden hacer una gran diferencia en su bienestar emocional, social y académico. Este es un espacio en el que, idealmente, deberían sentirse seguros, aceptados y valorados, independientemente de su orientación sexual o identidad de género. Como padres, existen varias formas en las que podemos colaborar con la comunidad educativa para asegurar que nuestros hijos encuentren en ella un lugar inclusivo y positivo.

Un primer paso importante es conversar con los docentes y el personal escolar sobre el enfoque que adoptan frente a temas de diversidad y respeto. Muchas escuelas ya cuentan con políticas de inclusión, pero la implementación puede variar según el centro educativo o el profesor. Como padres, podemos solicitar información sobre cómo se aborda la educación en diversidad y respeto, y preguntar si existen programas o actividades específicas para promover la inclusión de estudiantes LGTBIQ+. Estas iniciativas pueden incluir desde charlas y talleres de sensibilización hasta campañas contra el acoso y la discriminación, con el objetivo de crear un ambiente escolar más seguro y respetuoso para todos los estudiantes.

Es útil también interesarse por el tipo de formación que el personal educativo recibe en temas de diversidad y género. En algunos centros, los profesores y orientadores reciben capacitación específica para manejar temas relacionados con la diversidad sexual y de género, mientras que en otros casos, es algo que aún está en proceso de implementación. Los padres pueden abogar por este tipo de formación para asegurar que los docentes estén preparados para tratar estas cuestiones de forma adecuada y respetuosa.

Estableciendo una comunicación abierta con la escuela.

Mantener un diálogo fluido con los profesores y orientadores puede ser clave para asegurarnos de que nuestro hijo o hija reciba el apoyo adecuado en el entorno escolar. Al conversar con ellos, podemos expresar nuestras inquietudes y expectativas de manera constructiva, destacando la importancia de que la escuela sea un lugar inclusivo y seguro. Si sentimos que nuestro hijo está enfrentando algún tipo de discriminación o acoso, es fundamental que el personal escolar esté al tanto y pueda intervenir con prontitud.

Los orientadores, en particular, suelen desempeñar un rol central en el acompañamiento de los estudiantes LGTBIQ+, ya que pueden ofrecerles apoyo emocional y ayudarlos a gestionar cualquier dificultad que enfrenten en su vida escolar o personal. Para los padres, es valioso acercarse a ellos y construir una relación de confianza, de manera que el orientador se convierta en un aliado tanto para el bienestar del estudiante como para la tranquilidad de la familia.

Fomentando la inclusión a través de las actividades escolares

Otra forma en que los padres pueden apoyar a sus hijos es promoviendo o participando en actividades escolares que celebren la diversidad. Por ejemplo, algunas escuelas organizan eventos como la semana de la diversidad o talleres de sensibilización en los que se habla sobre temas de orientación sexual e identidad de género. Participar en estos eventos, ya sea como voluntarios o asistentes, no solo da visibilidad a la inclusión, sino que también puede ser una oportunidad para educar y sensibilizar a otros padres y estudiantes.

Involucrarse en la vida escolar permite que otros padres y docentes se familiaricen con la diversidad, lo cual ayuda a que el entorno escolar sea más abierto y receptivo. Incluso pequeños gestos, como sugerir libros, películas o charlas sobre diversidad para la biblioteca o para actividades culturales, pueden contribuir a la construcción de una cultura de respeto y aceptación.

Apoyo ante situaciones de acoso o discriminación

Lamentablemente, el acoso escolar hacia estudiantes LGTBIQ+ sigue siendo un problema en algunos lugares, por lo que es importante saber qué hacer si nuestro hijo enfrenta una situación de discriminación o bullying. Asegurarse de que la escuela cuente con protocolos claros para abordar estos casos es esencial. Estos protocolos deberían garantizar la seguridad del estudiante y promover acciones correctivas hacia los agresores, además de brindar apoyo emocional a quienes lo necesiten.

En situaciones de acoso, la comunicación con la escuela debe ser firme y proactiva. Los padres pueden trabajar en conjunto con el personal escolar para desarrollar estrategias que no solo protejan a su hijo, sino que también promuevan una cultura de respeto dentro de la comunidad escolar. La colaboración con otros padres y organizaciones de apoyo también puede ser útil para asegurar que estas medidas se mantengan y se apliquen de manera efectiva.

Involucrando a otros padres en el proceso

La inclusión no es solo un tema entre el personal educativo y los estudiantes, sino también entre las familias. Hablar abiertamente con otros padres y fomentar la inclusión y el respeto dentro de la comunidad educativa es igualmente importante. A veces, los prejuicios o la falta de información entre algunos padres pueden contribuir a un entorno escolar menos acogedor para los estudiantes LGTBIQ+. Iniciar diálogos respetuosos y compartir experiencias con otros padres puede ayudar a romper barreras y construir una red de apoyo más amplia.

La comunidad educativa puede y debe ser un espacio de inclusión y apoyo para los hijos e hijas LGTBIQ+. Con un entorno seguro y un personal capacitado, estos estudiantes pueden florecer, desarrollar una autoestima saludable y encontrar en la escuela un lugar donde se sientan valorados y respetados. Al trabajar de la mano con la escuela y promover una cultura de respeto y aceptación, los padres ayudan a sus hijos a enfrentar el mundo con confianza y orgullo en su identidad.

10- SALUD MENTAL Y CONSUMO DE DROGAS.

Los jóvenes del colectivo LGTBIQ+ enfrentan desafíos que, en algunos casos, los colocan en mayor riesgo de experimentar problemas de salud mental, como la depresión, o de recurrir al consumo de drogas. Estos problemas no son intrínsecos a la identidad de género o a la orientación sexual, sino que suelen ser consecuencias del rechazo, el estigma y la discriminación que, desafortunadamente, muchos aún enfrentan en sus entornos sociales, familiares y escolares.

Depresión y salud mental

La depresión es uno de los problemas de salud mental más comunes entre los jóvenes LGTBIQ+, y se debe a múltiples factores que se suman, creando una carga emocional significativa. Uno de estos factores es la discriminación social: muchos jóvenes LGTBIQ+ enfrentan el rechazo y la exclusión por parte de sus compañeros, o incluso de sus propias familias. La falta de aceptación y el temor a ser juzgados pueden llevar a que se sientan aislados, incomprendidos o incapaces de vivir plenamente su identidad.

Otra de las causas que pueden contribuir a la depresión en jóvenes del colectivo es el miedo al rechazo. Incluso cuando el entorno familiar o social es aparentemente favorable, la percepción de que pueden ser rechazados si revelan su orientación sexual o identidad de género genera altos niveles de ansiedad y estrés. Muchos jóvenes sienten que tienen que ocultar una parte esencial de sí mismos, lo que puede derivar en una sensación de falta de autenticidad y llevar a problemas de autoestima.

Además, existe la presión constante por cumplir con ciertos estándares de masculinidad, feminidad o heterosexualidad impuestos por la sociedad. Este presión social puede hacer que los jóvenes experimenten confusión sobre su identidad, lo cual también puede influir en su salud mental. La adolescencia ya es, de por sí, una etapa en la que la identidad está en construcción, y cuando un joven LGTBIQ+ se ve obligado a reprimir su verdadero ser, el riesgo de sufrir depresión aumenta considerablemente.

La discriminación y el acoso escolar son factores determinantes que afectan la salud mental. Estudios demuestran que los jóvenes LGTBIQ+ sufren acoso escolar a tasas mucho más altas que sus compañeros heterosexuales. Este acoso puede ir desde burlas hasta agresiones físicas, y los efectos del bullying son devastadores para su salud mental. La humillación y el aislamiento generados por el acoso pueden llevar a estos jóvenes a sentirse desesperanzados, y en casos graves, al suicidio.

Consumo de drogas y sustancias

El consumo de drogas en los jóvenes LGTBIQ+ puede estar ligado a las mismas causas que provocan la depresión, pero también responde a la necesidad de escapar de la presión emocional y el rechazo social. En muchos casos, los jóvenes encuentran en las drogas una forma de evasión, una manera temporal de adormecer el dolor o reducir la ansiedad que experimentan debido a su entorno.

Las drogas también pueden aparecer como una forma de integrarse en ciertos entornos sociales en los que los jóvenes creen que serán más aceptados. Por ejemplo, en algunas subculturas, el consumo de sustancias se ve como una actividad social, y un joven que enfrenta exclusión en su vida cotidiana podría acudir a estos círculos en busca de aceptación. Sin embargo, esta situación puede llevarlos a involucrarse en conductas de riesgo y a desarrollar una dependencia.

En otros casos, los jóvenes LGTBIQ+ recurren a las drogas como una forma de lidiar con el estrés de vivir en secreto o de ocultarse ante sus padres, amigos o la comunidad en general. Vivir una doble vida, aparentando una identidad que no sienten como propia, es emocionalmente agotador y suele llevar a estos jóvenes a buscar alivio en el consumo de sustancias.

Factores protectores y el papel del apoyo familiar y social

Es importante resaltar que estos problemas no son inevitables. Contar con una red de apoyo sólida y una comunidad que los acepte y valore puede marcar una gran diferencia en la vida de un joven LGTBIQ+. Los padres, amigos y profesores tienen el poder de brindarles el apoyo y la aceptación que necesitan para desarrollar una autoestima sana y evitar los efectos negativos del rechazo y el aislamiento.

Estudios han demostrado que los jóvenes LGTBIQ+ que se sienten apoyados y aceptados por sus familias tienen una probabilidad significativamente menor de caer en la depresión o el consumo de drogas. Los padres pueden desempeñar un papel esencial, simplemente escuchando a sus hijos y brindándoles un espacio seguro donde puedan expresarse. En cuanto al entorno educativo, las escuelas que promueven una cultura inclusiva y de respeto hacia la diversidad también contribuyen a reducir los problemas de salud mental y el consumo de sustancias entre los estudiantes LGTBIQ+.

Además, el acceso a terapia y apoyo psicológico es esencial para los jóvenes que enfrentan estos desafíos. Contar con un profesional que los escuche y los guíe puede ayudar a desarrollar estrategias para enfrentar el rechazo, el miedo y la ansiedad sin recurrir a conductas autodestructivas. Existen terapeutas especializados en temas de diversidad sexual y género que comprenden mejor las experiencias y dificultades específicas de estos jóvenes, y que pueden brindarles un acompañamiento más efectivo y empático.

RECUERDA

LA ACEPTACIÓN POSITIVA DE LA HOMOSEXUALIDAD DE NUESTRAS HIJAS E HIJOS ES FUNDAMENTAL PARA SU VIDA PRESENTE Y FUTURA.

NUNCA TE AVERGÜENCES PORQUE TU HIJA O TU HIJO ES HOMOSEXUAL.

DÍSELO A TODO EL MUNDO:

ESTOY ORGULLOSA DE MI HIJA LESBIANA.

ESTOY ORGULLOSO DE MI HIJO GAY.

ESTOY ORGULLOSA DE MI HIJO TRANS.

Joan Pont Galmés vive en la isla de Mallorca. Ex-guardaespaldas de autoridades militares y corredor de bolsa, en la actualidad se dedica plenamente a la escritura. Bajo el seudónimo J.P. Johnson, ha publicado tanto obras de ficción como de no ficción, que incluyen la saga de ciencia ficción *El Quinto Origen* y la serie de autoayuda *Sí, quiero. Sí, puedo*. Además, ha explorado temas familiares en su serie "¡SOCORRO!" y publicado libros infantiles, consolidándose como un escritor prolífico y versátil.

1- ¡Socorro, voy a ser papá!
2- ¡Socorro, mi hij@ es adolescente!
3- ¡Socorro, mi hij@ quiere ser youtuber!
4- ¡Socorro, mi hij@ es LGTBIQ+!

Don't miss out!

Visit the website below and you can sign up to receive emails whenever Joan Pont publishes a new book. There's no charge and no obligation.

https://books2read.com/r/B-A-WEFWB-LFFHF

Connecting independent readers to independent writers.

About the Author

Joan Pont Galmés vive en la isla de Mallorca. Ex-guardaespaldas de autoridades militares y corredor de bolsa, en la actualidad se dedica plenamente a la escritura. Bajo el seudónimo J.P. Johnson, ha publicado tanto obras de ficción como de no ficción, que incluyen la saga de ciencia ficción *El Quinto Origen* y la serie de autoayuda *Sí, quiero. Sí, puedo.* Además, ha explorado temas familiares en su serie "¡SOCORRO!" y publicado libros infantiles, consolidándose como un escritor prolífico y versátil.

1-¡Socorro, voy a ser papá!
2- ¡Socorro, mi hij@ es adolescente!
3- ¡Socorro, mi hij@ quiere ser youtuber!
4- ¡Socorro, mi hij@ es LGTBIQ+!